SIRENAS

PICTURE WINDOW BOOKS
a capstone imprint

Agradecemos la asesoría, investigación y experiencia de nuestra consultora:
Elizabeth Tucker, PhD.
Profesora de Servicio Distinguido
de Inglés, Literatura General y Retórica
Universidad de Binghamton, Binghamton, NY

Editora: Shelly Lyons
Diseñadora: Hilary Wacholz
Directora artística: Kay Fraser
Especialista de producción: Kathy McColley

Traducción al español por: PA Bilingual Communication Services

Publicado por Picture Window Books, una marca de Capstone
1710 Roe Crest Drive, North Mankato, Minnesota 56003
capstonepub.com

Library of Congress Cataloging-in-Publication Data
Names: Meister, Cari, author. | Bonet, Xavier, 1979- illustrator.
Title: Sirenas / por Cari Meister ; ilustrado por Xavier Bonet.
Description: North Mankato, Minnesota : Picture Window Books, [2023] | Series: Seres míticos | Includes bibliographical references. | Audience: Ages 5 to 7 years | Audience: Grades K–1 | Summary: "Look, there among the thunderous waves! A beautiful and mysterious mermaid dives into the sea. Have you ever wondered, what do mermaids eat? How do they really look? Where sleep? Do not look any further! With stunning illustrations and factual text, this book will take you on a deep-sea adventure to learn about mermaids"—Provided by publisher.
Identifiers: LCCN 2022051632 (print) | LCCN 2022051633 (ebook) | ISBN 9781484687208 (tapa dura) | ISBN 9781484687215 (libro electrónico pdf) | ISBN 9781484687253 (kindle edition) | ISBN 9781484687239 (epub)
Subjects: LCSH: Mermaids—Juvenile literature.
Classification: LCC GR910 .M44 2023 (print) | LCC GR910 (ebook) | DDC 398.21—dc23/eng/20230126

Todos los sitios de internet que aparecen en el contenido especial estaban correctos y disponibles al momento de la impresión.

Printed and bound in China 5377

SIRENAS

POR CARI MEISTER ILUSTRADO POR XAVIER BONET

Un marinero perdido descubre una tranquila caleta. Mira hacia la orilla. En la roca que emerge de las aguas están sentadas tres hermosas criaturas. Son parte mujer y parte pez.

Las sirenas cantan una melodía que llama al marinero. Pero mientras se acerca, se da cuenta de que está condenado. Los sonrientes rostros de las sirenas se tornan malévolos. El barco del marinero choca contra las afiladas rocas escondidas bajo las olas.

COMPORTAMIENTO DE LAS SIRENAS

Las sirenas son criaturas míticas. No hay mucha información sobre donde viven. ¿Tienen ciudades bajo el agua? ¿Se mudan de un lugar a otro? En realidad, nadie lo sabe.

Se cree que a las sirenas les gusta recolectar objetos de los humanos. Cualquier cosa hecha de vidrio, oro o plata es de gran valor. Tal vez las sirenas utilicen estos objetos para hacer joyas. O quizá escondan sus provisiones en cuevas submarinas.

Las sirenas tienen hermosas voces y a veces tocan arpas marinas. Pero pueden ser embaucadoras. Con frecuencia atraen a los hombres desprevenidos para quitarles sus objetos de valor. Pero algunas son amables y solo quieren ser parte del mundo humano.

EL CICLO DE VIDA DE LAS SIRENAS

El ciclo de vida de las sirenas es un misterio. ¿Nacen como los bebés? ¿Salen de un huevo? Nadie lo sabe con seguridad. Quizá salen de un huevo, como los peces. Al crecer y convertirse en adolescentes, desarrollan las partes humanas de su cuerpo. Al llegar a la adultez, son mitad pez y mitad humanas. ¿Cuánto tiempo viven? Si son como los humanos, podrían vivir hasta 80 años.

Todavía la gente se pregunta, ¿las sirenas son reales? Al fin y al cabo, los océanos son enormes y profundos. Solo el veinte por ciento de los océanos ha sido explorado.

SIRENA ADULTA

SIRENA MAYOR

CARACTERÍSTICAS DE LAS SIRENAS

No todas las sirenas son iguales, pero tienen cosas en común. La mayoría de las sirenas tienen el cabello largo. Algunas fuentes aseguran que el cabello de las sirenas no es cabello como tal, sino largas escamas de pez. Las branquias las ayudan a respirar bajo el agua. Otros creen que sus mechones de cabello son en realidad tentáculos punzantes.

La cola de todas las sirenas se asemeja a la de los peces. El largo de la cola varía entre cortas y largas. La mayoría de las sirenas tienen escamas de pez en sus colas, pero algunas colas son más bien suaves.

La cola de las sirenas puede ser brillante y colorida, u opaca y oscura. La cola es larga y fuerte. Sus poderosos músculos ayudan a estas deslumbrantes criaturas a entrar y salir del agua rápidamente.

Las sirenas pueden respirar bajo el agua, así como en la tierra. ¡Algunas sirenas pueden desarrollar piernas y vivir en la tierra con los humanos!

Las sirenas tienen la capacidad de vivir bajo el agua. Además de una cola para nadar, pueden tener brillantes ojos verdes. ¿Hay una mejor manera de ver en las aguas profundas y oscuras?

Las sirenas guardan en secreto sus filosos dientes. Pueden parecer inofensivas, ¡pero tienen dientes de tiburón!

PARTES DE UNA SIRENA

OJOS

Una sirena tiene excelente visión y puede ver muy bien en las aguas oscuras.

OREJAS

Una sirena puede oír bien, tanto bajo como fuera del agua. Sus orejas son largas y se ven como aletas.

DIENTES

Los dientes de sirena son largos y filosos.

COLA

Suelen tener una cola,
pero algunas tienen dos.

ESCAMAS

Con frecuencia, la
poderosa cola de las
sirenas está cubierta de
escamas.

LAS SIRENAS DE LOS MITOS

Las sirenas han vivido en historias desde la antigüedad. La mitología griega habla de sirenas y tritones. El antiguo dios griego de los mares, Tritón, era mitad hombre y mitad pez.

Las historias sobre sirenas vienen de todas partes del mundo. África tiene muchas historias del espíritu marino llamado *Mami Wata*. Es una sirena que también es encantadora de serpientes.

Los indígenas australianos han descrito sirenas de agua dulce, llamadas *yawk yawks*, que protegen a las aguas de la influencia humana.

El famoso escritor Rick Riordan escribió la serie *Percy Jackson y los héroes del olimpo*. El personaje principal de la serie, Percy, conoce un grupo de sirenas. Son guerreras que se enfrentan a un gran calamar.

Ya sean historias antiguas o actuales, las míticas sirenas continúan fascinándonos. De hecho, si estás en medio de las olas, presta atención, ¡puede que veas una sirena!

SOBRE LA AUTORA

Cari Meister vive en Vail, Colorado, con su esposo y sus cuatro hijos. A ella le gusta leer, esquiar, correr y montar a su caballo árabe, Sir William. Cari ha escrito muchos libros infantiles, entre los que se incluye la serie *Three Horses*, la serie *Fairy Hill* y *Pony Poems for Little Pony Lovers*. Visita su página web *carimeister.com*.

SOBRE EL ILUSTRADOR

Xavier Bonet es ilustrador y artista de cómics. Vive en Barcelona, España, con sus dos hijos. Xavier comenzó en un pequeño estudio de animación como artista de fondo y eventualmente empezó su carrera como ilustrador profesional. Ligado al mundo de la literatura infantil y juvenil, a Xavier le apasiona crear elementos de fantasía. Le gusta todo lo retro, los juegos de video y la comida japonesa. Pero más que todo, le gusta pasar tiempo con su familia.

GLOSARIO

antiguo—de hace mucho tiempo

branquia—una parte situada al costado de los peces; es lo que los ayuda a respirar

cría—un animal recién salido del cascarón

deslumbrante—muy impresionante

escama—una de las muchas piezas pequeñas y duras que cubren la piel de un animal

fascinar—cautivar o producir atracción

guerrero—un soldado; alguien que pelea con valentía y determinación

mito—una historia tradicional, usualmente antigua

tentáculo—una extremidad larga y flexible, como una pierna o un brazo; los tentáculos sirven para moverse, tomar objetos y percibir sensaciones

PREGUNTAS PARA EL PENSAMIENTO CRÍTICO

1. A veces las sirenas se muestran como malévolas. ¿Por qué piensas que hay quien cuenta historias de sirenas malas?

2. Las historias sobre sirenas se pueden encontrar en todo el mundo. ¿Por qué crees que estas criaturas míticas son tan populares?

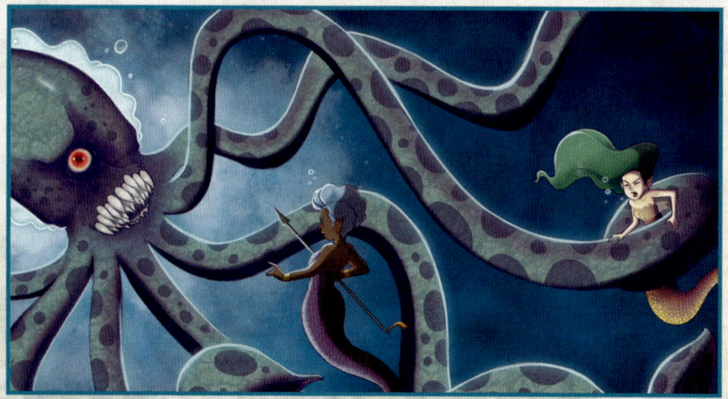

3. Si tuvieras que escribir un mito sobre las sirenas ¿dónde se desarrollaría? ¿Por qué?

LEE MÁS

Lawrence, Sandra. *The Atlas of Monsters: Mythical Creatures from Around the World*. Philadelphia, PA.: Running Press Kids, 2019.

Marsico, Katie. *Beastly Monsters: From Dragons to Griffins*. Monster Mania. Minneapolis: Lerner Publications, 2017.

Sautter, A.J. *Discover Dragons, Giants, and Other Deadly Fantasy Monsters.* All About Fantasy Creatures. North Mankato, MN: Capstone Press, 2018.

SITIOS DE INTERNET

Britannica Kids: Mermaid
https://kids.britannica.com/kids/article/mermaid/399544

HelloKids: Mermaid
http://www.hellokids.com/t_7075/mermaid

American Museum of Natural History: Mythic Creatures
https://www.amnh.org/exhibitions/mythic-creatures

LÉELOS TODOS